Bibliografische Information der Deutschen Nationalbibliothek:

Die Deutsche Bibliothek verzeichnet diese Publikation in der Deutschen National-
bibliografie; detaillierte bibliografische Daten sind im Internet über http://dnb.d-
nb.de/ abrufbar.

Impressum:

Copyright © 2018 GRIN Verlag
Druck und Bindung: Books on Demand GmbH, Norderstedt Germany
ISBN: 9783668852006

Dieses Buch bei GRIN:

https://www.grin.com/document/452470

Daniela Mioc

Bildungsbenachteiligung der Schüler mit Migrationshintergrund

GRIN Verlag

GRIN - Your knowledge has value

Der GRIN Verlag publiziert seit 1998 wissenschaftliche Arbeiten von Studenten, Hochschullehrern und anderen Akademikern als eBook und gedrucktes Buch. Die Verlagswebsite www.grin.com ist die ideale Plattform zur Veröffentlichung von Hausarbeiten, Abschlussarbeiten, wissenschaftlichen Aufsätzen, Dissertationen und Fachbüchern.

Besuchen Sie uns im Internet:

http://www.grin.com/

http://www.facebook.com/grincom

http://www.twitter.com/grin_com

Johann Wolfgang Goethe – Universität

Frankfurt am Main

Fachbereich 04

- Erziehungswissenschaften -

Wintersemester 17/18

Hausarbeit:

Bildungsbenachteiligung der Schüler mit

Migrationshintergrund

Inhaltsverzeichnis

1. Einleitung

Seitdem sich die Bundesrepublik Deutschland in den letzten fünfzig Jahren zu einem Einwanderungsland entwickelt hat, sind Begriffe wie *Heterogenität* und *Multikulturalität* (das Vorhandensein kultureller Vielfalt) heute gesellschaftliche Realität geworden. Mit dieser Veränderung haben sich vor allem Herausforderungen für das Schulsystem ergeben, die sich seit der PISA-Studie im Jahr 2000 zeigten und damit in das Zentrum der Bildungspolitik rückten: Kinder und Jugendliche mit Migrationshintergrund sind an den deutschen Schulen weitaus weniger erfolgreich, als einheimische Schülerinnen und Schüler (vgl. Gogolin/ Neumann/ Roth, 2003, 1). Der internationale Vergleich zeigte zudem, dass diese Disparitäten in der Bundesrepublik sehr viel größer sind, als in den meisten anderen PISA-Teilnehmerstaaten, in denen die Leistungsergebnisse der Migrationskinder von den SuS, die nicht aus Zuwandererfamilien stammen, sehr ähnlich ausfielen (vgl. Fereidooni, 2011, 72). So wurde auf die institutionelle Bildungsbenachteiligung der ausländischen Heranwachsenden im deutschen Bildungssystem und seine Chancenungleichheit aufmerksam gemacht und in das öffentliche Bewusstsein gehoben. Zwar steht diese schwerwiegende Problematik unter den obersten Prioritäten auf der politischen Agenda der Bundesregierung, jedoch wurde diese bis heute nicht erfolgreich bewältigt und bedarf somit fortlaufend einer präzisen wissenschaftlichen Untersuchung.

Die vorliegende Ausarbeitung wird die genannte Thematik mit einer Definition rund um das Begriffsfeld *Migration* einführen und einen kurzen Einblick in die gesetzliche Regelung des Schulsystems hinsichtlich *Migration/Integration* geben. Danach wird die Institution Schule und ihre Diskriminierung durchleuchtet, indem empirische Studien herangezogen werden, die zeigen, inwiefern und in welchem Ausmaß Bildungsungleichheit stattfindet. Anschließend werden ihre Ursachen und Folgen analysiert, sowie Förderungsmaßnahmen zur Eliminierung dieses Defizits in Erwägung gezogen, die sich an den skandinavischen Bildungssystemen beispielhaft orientieren. Das Fazit schließt die Hausarbeit mit einer kurzen Stellungnahme und einem Ausblick ab.

Alle Abkürzungen und vollständige Literaturangaben sind im Abkürzungs- und Literaturverzeichnis aufgeführt.

2. Definition: Rund um das Begriffsfeld *Migration*

Bevor über die Komplexität der Benachteiligung von Migrationskindern in der Schule gesprochen wird, soll rund um den Begriff Migration kurz definiert werden. Ausgehend vom lateinischen Wort *migratio*, was übersetzt die (Aus-) Wanderung bedeutet, kann Migration demnach als ein langjähriger/dauerhafter Wechsel bzw. Immigration aus einem Gebiet in eine andere (soziokulturelle) Gesellschaft beschrieben werden (vgl. Ceri, 2008, 13). Menschen, die wandern, werden als Migranten oder Immigranten bezeichnet. Somit meinen Beschreibungen wie „Kinder mit Migrationshintergrund", „Migrationskinder" oder „Zuwandererkinder" lediglich, dass ein oder beide Elternteile eine ausländische Herkunft aufweisen - egal ob diese in Deutschland geboren sind, die deutsche Staatsangehörigkeit besitzen oder erst seit Kurzem hinzugezogen sind. Im alltäglichen Sprachgebrauch benutzt man jedoch die Bezeichnung *Ausländer*. In den letzten Jahren ist die Dringlichkeit einer erfolgreichen Integration (der Einbezug der Migranten in die Gesellschaft sowie gleichberechtigte Teilhabe) enorm gestiegen, da bereits im Jahr 2017 eine Studie zeigte, dass zehn Millionen Menschen mit einem ausländischen Pass in Deutschland leben und bei einer Gesamtbevölkerungsanzahl von 82,2, Millionen Einwohnern zufolge jeder Achte ein Migrant ist (vgl. https://orange.handelsblatt.com/artikel/29581). Bereits die Kategorisierung in „Kinder mit Migrationshintergrund" und „einheimische Kinder" fördern jedoch lediglich den gegenteiligen Effekt einer Integration, nämlich einer Segregation (Ausgrenzung), da eine Grenze zur Differenz der „Deutschen" und der „Anderen" markiert wird und die Population, bzw. in dem Fall die Lehrer- und Schülerschaft, spaltet (vgl. Stosic, 2017, 135). Dies macht sich während der Schullaufbahn bei den Migrationskindern auch bemerkbar.

Der Bildungs- bzw. Schulerfolg soll durch individuelle und institutionelle Leistungen bestimmt werden, allerdings orientiert sich die schulische Leistungsmessung häufig eher an der sozialen Norm der Klasse, anstatt an der individuellen Norm. Somit bleibt die individuelle Schülerleistung vom Klassenkontext abhängig und trägt eine sehr hohe „Schuld" für die Bildungsbenachteiligung der Zuwandererkinder. Dies wird unter Kapitel 4 ausführlicher thematisiert.

3. Verpflichtung des Schulsystems hinsichtlich Migration und seine mangelhafte Leistungsmessung

Bevor eine Analyse der Mängel des deutschen Bildungssystems bezüglich seiner Diskriminierung gegenüber Migrations-SuS vorgenommen wird, soll vorab gezeigt werden, ob und inwiefern die Institution Regelschule gegenüber der Inklusions- bzw. Integrationsaufgabe der Bundesrepublik verpflichtet ist und welche Rolle das bestehende Benotungssystem dabei spielt.

Laut der Kultusministerkonferenz seit 1996 müssen alle Menschen in der Schule die gleichen Chancen auf Bildung haben, unabhängig von ihrem sozialen Milieu, der Herkunft, dem Geschlecht und Religion. Die Achtung der Würde des Menschen und die Wahrung der Grundrechte seien Verfassungsnormen, die in den Schulgesetzen der Länder konkretisiert sind. Der Bildungsauftrag ginge davon aus, „dass alle Menschen gleichwertig und dass ihre Wertvorstellungen und kulturellen Orientierungen zu achten sind." (vgl. Ceri, 2008, 19).

"Damit Menschen ihren Platz in der Gesellschaft einnehmen und in ihr mitwirken können, bedürfen sie der Bildung. (...) Gesellschaften, die in ihrer Zusammensetzung von kultureller und sozialer Heterogenität geprägt sind, müssen das Zusammenleben ihrer Mitglieder bereits in deren Bildungsprozessen vorbereiten.", zitiert die Ceri weiter. Die Schule obliegt demzufolge einer Schlüsselfunktion, da Integration durch Bildung erfolgt und zur gleichberechtigten Teilnahme am gesellschaftlichen System Bildung vorausgesetzt wird. Allerdings wird Heterogenität im realen Schulleben eher als Belastung anstatt Bereicherung gesehen, vielmehr zeigt sich in der Institution Schule der Wunsch nach Homogenität durch den Aussonderungsmechanismus. Laut Untersuchungen erschwert die deutsche Bildungsorganisation jungen Zuwanderern bzw. Flüchtlingen den Zugang zu einem erfolgreichen Bildungsweg, anstatt ihn zu ermöglichen. "Was die Flüchtlinge angeht, wollen wir noch die Tatsache hervorheben, (...) dass die Kinder zuerst in ihrem Status als Flüchtling gesehen werden, und dann erst als Kinder.", so hieß es beispielsweise in der Bundespressekonferenz 2006 in Berlin (vgl. http://www.bpb.de/gesellschaft/migration/kurzdossiers/258059/inklusion-in-das-schulsystem?p=all).

Die Aussonderung der SuS zeigt sich nicht nur in der Aufteilung der Lerngruppen unter dem Kriterium scheinbarer Unterschiede, dem fast unmöglichen Übergang von der Primarstufe auf das Gymnasium, sondern auch durch das Bewertungssystem unserer Schulen. Die Schulnoten 1-6 messen Leistungen nämlich nur auf Skalenniveau (vgl. Sacher, 2001, 22), d.h., dass beispielsweise den zu messenden Eigenschaften Zahlen zugeordnet werden. Mittelwerte von Noten geben lediglich eine grobe Information über die mittlere Leistung. Der Schüler fragt sich dabei Dinge wie „Aus welchen Kriterien und Punkten setzt sich meine 2 zusammen? Was genau kann ich gut, was und in welchem Ausmaß muss ich verbessern, um zur 1 zu kommen?", da die Messqualität und Aussagekraft einer Ziffer unzureichend ist. Bei schwankenden Noten muss der Lehrer „aufgrund seines pädagogischen Ermessensspielraumes" eine eigenverantwortliche Entscheidung fällen (vgl. Ebd.) und an diesem Punkt eröffnet sich das breite Feld für subjektive Bewertungen und die Zulässigkeit von Diskriminierungsmöglichkeiten. Die Subjektivität einer Lehrkraft während der Notengebung kann von vielen Einflüssen geprägt sein, jedoch spielt der ethnische Hintergrund eine äußerst wichtige Rolle für die heutige Gesellschaft, da das multiethische Segment „wächst und wächst" – aber trotzdem und gerade deshalb in die Kerngesellschaft zu integrieren ist.

Dem Anspruch der Inklusion (heißt: das Schulsystem passt sich den Bedürfnissen der Lernenden an – nicht andersherum), was die Bildungspolitik fortlaufend in den Schulen umzusetzen versucht, wird diesem allerdings nicht gerecht. Inwiefern und in welchem Ausmaß der schwierige Start und das von Hindernissen geprägte Durchlaufen sowie Absolvieren der Schullaufbahn für Kinder und Jugendliche ausländischer Herkunft sich jedoch laut empirischen Studien tatsächlich erwiesen hat, soll im nächsten Kapitel dargestellt werden.

4. Die Institution Schule und ihre Bildungsungleichheit

In diesem Teil der Arbeit wird das Schulsystem auf das Vorkommen von ungleichen Chancen und Möglichkeiten bezüglich Migrations-SuS überprüft, um im Anschluss mögliche Ursachen interpretieren und analysieren zu können. Davor wird für ein klares Verständnis kurz definiert, was unter „institutioneller Diskriminierung" im Wesentlichen gemeint ist.

4.1.   Institutionelle Diskriminierung

Institutionelle Diskriminierung übersetzt Fereidooni (2011, 23) mit der Ungleichbehandlung von Personen durch das „organisatorische Handeln zentraler gesellschaftlicher Institutionen wie z.B. des Bildungs- und Ausbildungssektors". Denner beschreibt noch etwas präziser: „Wenn regelmäßig von der Organisation Schule vorgenommene (Selektions-) Entscheidungen, die in ihrer eigenen Logik und Pragmatik getroffen werden, ungleiche Wirkungen auf die Schüler haben, wenn die selbst hergestellten Unterschiede durch Merkmale/ Eigenschaften, die der benachteiligten Gruppe zugeschrieben werden, ausgestattet werden und wenn es sich dabei um das Kollektivmerkmal der ‚nationalen Herkunft/Kultur' handelt, so handelt es sich um institutionelle Diskriminierung (vgl. Denner, 2007, 28). Zudem sind Unterrichtskonzepte auf homogene Gruppen ausgerichtet und verweigern das reale multiethische Segment im Klassenzimmer, auf das es sich zu konzipieren gilt. Wie schon erwähnt und von der OECD bestätigt, werden Leistungsunterschiede nicht anhand individuellen Leistungen der SuS festgestellt, sondern basieren auf der Funktionsweise des Schulsystems und seinen „rechtlichen Rahmenbedingungen, in den organisatorischen Handlungszwängen sowie etablierten Routinen und Deutungsmustern, die zur Begründung von Entscheidungen zur Verfügung stehen" (Fereidooni, 2011, 24f.). Bereits in den institutionellen Rahmenbedingungen von Grundschulen wird sprachliche Heterogenität als unterrichtsstörender Hintergrund gesehen.

4.1.1. Der Bildungserfolg von deutschen und ausländischen SuS im Vergleich

Um einen Eindruck davon zu erlangen, inwiefern sich der Bildungsweg der Migrations-SuS von den deutschen SuS unterscheidet und die Bildungsungleichheit an vielen Stellen des Schulsystems bestätigt, werden die Ergebnisse empirischer Studien und Befunde der vergangenen Jahre näher betrachtet.

Untersuchungen haben dabei erschreckenderweise ergeben, dass bereits der Übergang vom Kindergarten zur Grundschule für Zuwandererkinder weitaus weniger durchlässig ist, als für einheimische Kinder (vgl. http://www.bpb.de/gesellschaft/migration/dossier-migration/56491/schule-und-integration?p=all). Dies zeigt sich beispielsweise daran, dass der Anteil vorzeitiger Einschulungen bei Zuwandererkindern um ein Drittel geringer ist als bei Deutschen, die Zurückstellungen dagegen sogar doppelt so hoch. Aber auch während der Primarstufe, also in der Grundschule, sieht die Bildungssituation für die jungen Migrant/innen nicht besser aus. Empirisch belegt wurde auch, dass einheimische Kinder bei gleichem sozioökonomischen Status und gleicher Leseleistung jeweils ca. 2-mal häufiger eine Empfehlung für die Realschule oder das Gymnasium erhalten, als ausländische Kinder (vgl. http://www.bpb.de/apuz/30801/migrantenkinder-im-bildungssystem-doppelt-benachteiligt).

Von Grundschülern nicht-deutscher Herkunft wird erwartet, ohne besondere Sprachförderungsmaßnahmen die gleichen Sprachkompetenzen zu besitzen, wie deutschstämmige Kinder. Diese Erwartungshaltung folgt einem, laut Auernheimer (2010, 41) „monolingualen Habitus", dem ausländische Kinder nicht gerecht werden können, weil sich die „Schulsprache" sowohl von der nicht-deutschen Familiensprache, als auch von der deutschen Alltagssprache der Kinder unterscheidet.

Die Chancenungleichheit zieht sich durch die Schullaufbahn der Betroffenen wie ein roter Faden. Weitere Studien-Ergebnisse zeigten auf, dass der Anteil der 15-Jährigen mit Migrationshintergrund, deren Schullaufbahn zeitlich verzögert ist, doppelt so hoch ist, wie von deutschen. Türkische Kinder weisen dabei den höchsten Anteil auf: Bereits 60% der Heranwachsenden mit türkisch (oder russisch) kulturellem Hintergrund verlieren mindestens ein Jahr durch späte Einschulung, Sitzenbleiben oder Quereinsteigen (vgl. Fereidooni, 2011, 67). Sitzenbleiben dagegen ist bei einheimischen SuS viel seltener zu sehen. Vor allem in den unteren Klassen, d.h. Primar- und Anfang der Sekundarstufe 1, kommen Klassenwiederholungen bei ausländischen Kindern viel häufiger vor. Da bleiben ausländische SuS sogar viermal häufiger sitzen als deutsche (http://www.bpb.de/apuz/30801/migrantenkinder-im-bildungssystem-doppelt-benachteiligt).

Diese Disparitäten aufgrund ethnischer Zugehörigkeit sind des Weiteren auch an der Leistungsdifferenz in den verschiedenen Fächern deutlich zu erkennen. Im Jahr 2003 betrug dieser in naturwissenschaftlichen Bereichen zwischen deutschen und ausländischen SuS durchschnittlich 58 Punkte, was laut PISA in Schuljahren übersetzt ein Leistungsrückstand der Migrantenkinder um ca. anderthalb Jahre bedeutet (vgl. Fereidooni, 2011, 81). Kinder und Jugendliche mit Migrationshintergrund müssen deutlich bessere Leistungen erbringen, als ihre gleichaltrigen deutschen Genossen, um ungefähr die gleiche Note zu bekommen. Dies bestätigt auch die mangelhafte Validität und Messqualität bei der herkömmlichen Leistungsbewertung im deutschen Schulsystem, die von subjektiven Einflüssen begleitet ist, von der jedoch letztendlich alles ausgeht: Der Übergang in die nächste Klasse, der Abschluss, die Karriere.

Die ungerechte Notenvergabe spiegelt sich daher in den Schulbesuchsquoten und erreichten Schulabschlüsse wieder. Es herrscht eine enorme Ungleichverteilung in den Bildungsgängen der Sekundarstufe: SuS mit Migrationshintergrund sind an Gymnasien deutlich unterrepräsentiert, an Haupt- und Realschulen jedoch überrepräsentiert (vgl.

http://www.bpb.de/gesellschaft/migration/dossier-migration/56491/schule-und-integration).
Früher waren Hauptschulen Volksschulen, die einen einigermaßen anerkannten Status in der Gesellschaft hatten. Heute gelten Hauptschulen als „Restschulen" oder „Ausländerschulen", auf denen laut Lehrern eine Ghettoisierung stattfindet und dessen SuS in der Berufswelt einen sehr negativen Ruf haben. Studien verdeutlichen die Ungleichverteilung auf den Schularten zusätzlich mit den empirischen Befunden in Bezug auf absolvierte Schulabschlüsse. Im Jahr 2007 verließen 17% der ausländischen SuS die Schule ohne einen Hauptschulabschluss (deutsche 7%), 42% erwarben den Hauptschulabschluss (deutsche 23%), 31% den Realschulabschluss (deutsche 42%) und nur 9% die allgemeine Hochschulreife (deutsche 27%) (vgl.   http://www.bpb.de/apuz/30801/migrantenkinder-im-bildungssystem-doppelt-benachteiligt).

Es erwies sich außerdem eine Ungleichbehandlung unter Migranten hinsichtlich des Geschlechts. Weibliche Migrationsschülerinnen sind im Vergleich zu den Jungen deutlich qualifizierter: Sie besuchen häufiger Realschulen und Gymnasien als Migrantenschüler.

Kinder mit Migrationshintergrund können aufgrund der schlechteren Bildungsabschlüsse und niedrigem Bildungsniveau demnach nur eine begrenzte berufliche Karriere beschreiten und ein unzureichendes Erwerbseinkommen erlangen, was ihren ohnehin benachteiligten Status zusätzlich verschlechtert: Sie werden Opfer sozialer Unterschichtung, gehören somit zu einer weiteren ausgegrenzten Randgruppe der Gesellschaft und sind „doppelt benachteiligt". Wenn dieser „verlorenen Generation" nicht dringend geholfen wird, ist der Weg in die Arbeitslosigkeit, Randständigkeit und Kriminalität nicht weit entfernt.

5. Ursachen und Folgen von Bildungsbenachteiligung

Nachdem nun eine Reihe von empirischen Daten auf die Mängel des deutschen Schulsystems hingewiesen haben, muss man sich fragen, wie diese Defizite der Bildungsdiskriminierung zu Stande kommen und gefördert werden, um diese zu beheben und sich zu vergewissern, welche tragreichen Folgen sie ansonsten haben können.

Nach den schockierenden Studien-Befunden wurden diese auf die schlechten Leistungen der Migranten-SuS und ihre mangelnde Integrationsbereitschaft zurückgeführt. Dies war aber nicht haltbar, da zum einen die anderen PISA-Länder im Vergleich zu Deutschland, wie schon gesagt, weitaus besser abgeschnitten haben und die meisten im Übrigen ein anderes Schulsystem beherrschen. Auch an dem Willen zur Integration seitens der Migranten liegt es nicht: Eine Studie ergab, dass türkische Jugendliche sich Freundschaften zu deutschen wünschen und über 95% zu Hause neben der Muttersprache überwiegend Deutsch sprechen (vgl. Ebd.). Zudem ist erwiesen, dass Kinder, die mit mehr Sprachen aufwachsen in der Regel engagierter und motivierter lernen, ein ausgeprägteres Selbstbewusstsein entwickeln und höhere Bildungsaspirationen verfolgen, als autochthone Kinder (vgl. Fereidooni, 2011, 72). Die möglichen Ursachen für die Förderung von Bildungsungleichheit in der Schule reduzieren sich somit (bis auf das mangelhafte Kapital der Migranten) im Wesentlichen auf seine institutionelle Organisation. Ich werde mich dabei auf die zentralen Problemfelder des Schulsystems begrenzen, da sonst der Rahmen dieser Arbeit gesprengt wäre.

Selektion in Schulformen

Durch die PISA-Studien wurde allgemein klar, dass die Probleme beim Bildungserfolg von SuS mit Migrationshintergrund durch die hierarchische Aufteilung der Kinder in die Förder-, Haupt-, Realschule und das Gymnasium entstehen bzw. verstärkt werden. Der Besuch eines Schultyps ist mit Kontextbedingungen verbunden, die SuS gegenüber anderen SuS privilegieren – u.a. vor allem durch eine deutsche Abstammung. Nicht nur der Versuch der Herstellung von homogenen Klassen erweist sich als äußerst missgünstig, sondern auch der Zeitpunkt der Aussonderung. Die IGLU-Studie bestätigte, dass eine Übergangsempfehlung für ein Kind im Alter von 10 Jahren nicht sicher zu geben ist, bzw. durch wissenschaftliche Testergebnisse nicht gedeckt ist und plädiert deshalb für ein längeres gemeinsames Lernen von Kindern (vgl. Ebd, 58). Außerdem sind Migrations-SuS während ihrer Schullaufbahn laut Studien in Brandenburg am erfolgreichsten, welches weitgehend eine integrierte Sekundarstufe anbietet (Auernheimer, 2010, 18). Die Selektivität des Schulsystems wurde bislang zum einen mit scheinbarer Leistungsüberforderung/ Unterforderung der SuS begründet, allerdings ist dies laut PISA nicht nachvollziehbar, da in Ländern ohne Selektionsmechanismen ein größerer Kompetenzgewinn erzielt wird. Zum anderen fielen Argumente wie „lokale institutionelle Gegebenheiten" (Fereidooni, 2011, 25) zu ihrer Verteidigung, um z.B. die Schulschließung von Förderschulen zu vermeiden. Deshalb seien viele Migrantenkinder dahin versetzt worden. Aber auch diese Ausrede entschuldigt nicht die schockierenden Daten zur Bildungsungleichheit. Laut Auernheimer lässt sich die außerordentlich starke Streuung der Leistungsniveaus tatsächlich am ehesten mit der Segregation im hierarchischen Bildungssystem begründen (vgl. Ebd.), da dieses diejenigen SuS verstärkt (auf dem Gymnasium) fördert, die von zu Hause aus bereits privilegiert sind und diejenigen diskriminiert, die ohnehin bereits (z.B. auf der Hauptschule) benachteiligt und anstatt mehr Unterstützung/Förderung (die sie benötigen) weniger erhalten.

Subjektive Leistungsmessung

Ähnlich unzureichend in der Aussagekraft wie die Übergangsempfehlungen erscheint laut IGLU-Daten auch die herkömmliche Notengebung der Lehrkräfte, welche hauptsächlich durch die Klassenarbeit am Ende des Schuljahres in einer Ziffer bestimmt wird. Die Studie hat ergeben, dass Kinder derselben Kompetenzstufe in der Grundschule Lese- und Deutschnoten erhalten haben, die sich über drei bis vier Notenstufen differenzieren (vgl. Fereidooni, 2011, 59). Befunde wie dieser erzeugen Unglaubwürdigkeit was die Validität der Noten betrifft, die empirisch belegt auf höchst subjektiver Grundlage zustande kommen und vor allem ausländischen SuS den ganzen Bildungsweg zerstören können. Brügelmann (2006, 23) beschreibt diese Subjektivität als sogenannten Halo-Effekt bei der Leistungsbewertung, bei dem ein globaler Allgemeineindruck die Wahrnehmung einzelner Merkmale bestimmt. Vorurteile spielen hierbei eine große Rolle, beispielsweise hinsichtlich der Herkunft eines Schülers. Türkische und italienische SuS sind im Schulsystem laut Studien am wenigsten erfolgreich, so werden sie auch bei besseren Leistungen tendenziell schlechter bewertet, obwohl diese denen der Mitschüler ähneln (vgl. Ebd., 24). Die ethnische Zugehörigkeit beeinflusst das Lehrerurteil enorm. „Schüler erleben gerade die sich im Halo-Effekt auswirkenden Voreingenommenheiten sehr eindringlich und klagen rückblickend oft darüber, dass es bei bestimmten Lehrern nahezu unmöglich gewesen sei, von schlechten Noten wieder wegzukommen." (Sacher, 2001, 37). Somit werden Noten weder ihrem pädagogischen Anspruch der differenzierten Leistungsrückmeldung gerecht, noch der Legitimation von korrekten Bildungs- und Ausleseentscheidungen. Die herkömmliche Bewertung in der Schule benötigt daher dringend reformatorische Veränderungen.

Mangelhafte Sprachförderung

Besonders wenn die Unterrichtssprache geprüft wird, haben ausländische Kinder noch schlechtere Karten, eine ähnlich gute Leistung zu erhalten, wie ihre deutschen Mitschüler. Nicht nur negative ethnisch-kulturelle Zuschreibungen seitens des Lehrers, auch unter der mangelnden Sprachvermittlungsfähigkeit der Institution müssen Migrantenkinder leiden. Besonders in der Grundschule, in der die deutsche Sprache bereits speziell gefördert werden sollte, da viele ausländische Kinder erst mit der Einschulung mit dem Erwerb des Deutschen in Konfrontation kommen und damit in der späteren Schullaufbahn keine Probleme auftreten, herrscht ein großes Defizit an individuellen Sprachförderungsmaßnahmen (vgl. Auernheimer, 2010, 23). So ist es nicht unverständlich, dass sie dann schlechtere Noten als deutschstämmige SuS bekommen, da sie aufgrund der mangelhaften Sprachkenntnisse den Unterrichtsinhalt gar nicht vollständig erschließen können. Der gesamte Schulerfolg ist sehr stark abhängig von einer soliden Beherrschung des Deutschen und anstatt die betroffenen SuS dahin zu begleiten, werden sie laut Erfahrungen systematisch auf den Status als DaZ-SuS reduziert (vgl. http://www.bpb.de/gesellschaft/migration/kurzdossiers/258059/inklusion-in-das-schulsystem?p=all). Das Bildungssystem hat sich nicht ausreichend auf deren sprachliche Ausgangslagen eingestellt und muss das Kursangebot für Zuwandererkinder dringend überarbeiten.

Fehlendes Kapital der Zuwandererfamilien

Familien mit Migrationsgeschichte nehmen, wie schon erwähnt, überwiegend die unteren Positionen der sozialen Hierarchie ein, d.h. sie gehören eher zur Arbeiter-/ Unterschicht, und leben oft in prekären Sozianlagen, weshalb sie „doppelt" institutionell diskriminiert sind (vgl. Stosic, 2017, 145). Die defizitäre Ressourcenausstattung von Unterschichtfamilien, wie z.B. nicht lernförderliche Wohnverhältnisse aufgrund Platzmangels oder auch ökonomisch/zeitlich fehlende Ressourcen seitens der Eltern, fördern den Bildungsmisserfolg ihrer Kinder neben der institutionellen Diskriminierung zusätzlich. Die familiale Sozialisation gilt jedoch als ein äußerst wichtiger Faktor für die Herausbildung von Humankapital eines Kindes, weil es vor allem von Eltern diejenigen Werte und das Wissen (z.B. deutsche Sprache!) vermittelt bekommt, die für den Erfolg in der Schule oder im Berufsleben eine große Rolle spielen (vgl. Ebd., 146). So werden Kindern in Haushalten mit hohem Kulturkapital schon von klein auf durch verschiedene Lernanlässe, aber auch durch die Ermöglichung „vieler Spielräume, Lernanregungen und Erfahrungsquellen" Schlüsselqualifikationen näher gebracht, „die ihnen helfen, die Anforderungen im Alltag, in der Schule und später im Beruf erfolgreich zu bewältigen" (Fereidooni, 2011, 126). Deutsche Eltern können ihren Kindern beispielsweise von Geburt an die Korrektheit der deutschen Sprache vermitteln, sowie die christliche Kultur und Tradition aufzeigen. Somit kommt die Schichtzugehörigkeit neben der sprachlichen Sozialisation als Belastungsfaktor für Zuwandererkinder hinzu. Die unterschiedliche familiäre Lebensgestaltung, d.h. auch die Bindung an die Kultur der Heimat in der Verwandtschaft, spielt dabei zusätzlich eine Rolle, da Eltern in Sachen Anpassung und Integration eine Vorbildsfunktion haben. Kulturelle Güter zur Heimat sollten daher nur in Maßen vorhanden sein, damit die Heranwachsenden in kein psychisches Dilemma geraten.

Es ist unbedingt notwendig, die aufgezeigten Mängel der Bildungsinstitutionen zu beheben, da Bildungsarmut bei Migranten sich nicht nur auf sie selbst auswirkt, sondern letztendlich auf den ganzen Staat. Werden diese nicht während ihrer Schullaufbahn ausreichend qualifiziert, so benötigen sie mehr nachschulische Ausbildung, durch die nicht nur Zeit verloren geht, weswegen junge Menschen später in den Arbeitsmarkt eintreten, sondern auch immense Kosten für die Bundesrepublik bedeutet. Im Jahr 2004 betrugen die Kosten für nachschulische Qualifizierung von nicht ausbildungsreifen Heranwachsenden ganze 3,4 Milliarden Euro (vgl. http://www.bpb.de/apuz/30383/bildungsarmut-auswirkungen-ursachen-massnahmen?p=all). Auch das Risiko für Arbeitslosigkeit und Einkommensarmut ist sehr viel höher, wenn die Qualifikation unzureichend ist. Es wird immer wichtiger, die nachfolgenden Generationen bestmöglich auszubilden und Bildungsarmut als auch Kriminalität zu verhindern, vor allem was die technologische Wettbewerbs- und Innovationsfähigkeit einer Volkswirtschaft angeht. Die 10 Millionen Migranten des Landes tragen außerdem als entscheidende Faktoren dazu bei, ob der Wohlstand in den verschiedenen Regionen zufriedenstellend ist oder nicht.

6. Förderungsmaßnahmen für Chancengleichheit in der Schule

Die Dringlichkeit für eine langfristige Veränderung der Rahmenbedingungen an den Schulen Deutschlands ist also deutlich dargestellt. Im Bildungswesen muss eine viel präsentere und intensivere Integrationspolitik eingeführt werden. Es wurden auch schon einige Lösungsansätze und Reformideen von Pädagogen und Bildungswissenschaftlern formuliert, damit das System alle ausländischen Lernenden genauso gut fördern kann, wie die einheimischen. Vor allem vielfältige pädagogische Maßnahmen und große finanzielle Ressourcen müssen eingesetzt werden. Gerade in Brennpunktgebieten muss das Schulangebot verbessert werden.

Bereits in der elementarpädagogischen Bildung muss reformiert, beispielsweise muss sich bereits im Kindergarten Heterogenitätsdenken durchsetzen und als Bereicherung angesehen und behandelt werden. Dies würde laut Studien den Schulweg für Migrationskinder erheblich erleichtern (vgl. Fereidooni, 2011, 139). Allerdings konzentriere ich mich im Folgenden intensiver auf Reformvorschläge im schulischen Bereich.

Abschaffen der hierarchischen Selektion

Der Sinngehalt im frühen Aussonderungsmechanismus und dreigliedrigen Schulsystem wurde durch eine Bandbreite von Studien erheblich angezweifelt. Pädagogen bestätigten, dass die Selektion auf Schularten ohnehin viel zu früh unternommen wird und die Übergangsempfehlung weder objektiv noch korrekt von Lehrkräften bestimmt wird. Aber auch die Hierarchie vom Gymnasium bis zur Sonderschule ist, wie schon erwähnt, eine Förderung zur Bildungsdiskriminierung und lediglich Homogenisierung. Eine homogene Schülerschaft ist jedoch längst nur noch ein Widerspruch zur gesellschaftlichen Realität. Deshalb soll das neue Motto in der Bildungspolitik „Weg vom Auslese- hin zum Fördergedanken" heißen, und auf adressatenorientierte, individualisierte Förderung, als auch auf Verlängerung der Grundschulzeit abzielen (auf mindestens 6 Schuljahre). Der Erfolg dieser Reformvorschläge hat sich bereits an den Schulen der anderen PISA und IGLU-Teilnehmerstaaten gezeigt. Die Transformation zu einer einheitlichen Gesamtschule, die schon in vielen Bundesländern vorgenommen wurde, sowie einem kostenlosen Ganztagsschulangebot sind erfolgsversprechende Lösungsansätze für die Beseitigung von Bildungsbenachteiligung ausländischer SuS (vgl. Stosic, 2010, 210).

Förderung der Sprachkenntnisse und zusätzliche Lernchancen für sozial benachteiligte Migrantenkinder

Das Beherrschen von Hochdeutsch ist die Schlüsselrolle beim Kompetenzerwerb und Bildungserfolg der Migrantenkinder: So haben sie nahezu gleiche Chancen in der Schule und dem Beruf wie Einheimische. Die Sprachkompetenz ist demnach „die entscheidende Hürde in ihrer Bildungskarriere". Um diese bestmöglich herauszubilden, können Sprachstandsdiagnoseverfahren nützlich sein, die sprachlichen Fähigkeiten der Kinder vor ihrem Schuleintritt zu messen, frühzeitige Sprachförderungsmaßnahmen bereits vor der Einschulung (sowie schulbegleitend) einzuleiten und individuell an die Bedürfnisse der Kinder anzupassen (vgl. Fereidooni, 2011, 50). Außerdem haben ausländische SuS das Recht, wie ihre deutschen Genossen, ihre Muttersprache entfalten und fördern zu können. „Muttersprachlicher Ergänzungsunterricht" (Gogolin/ Neumann/ Roth, 2003, 28), d.h. ein Unterricht im Medium beider Sprachen, ist laut Ceri ein starkes Instrument zur Verbesserung des Schulerfolgs mehrsprachiger SuS (vgl. 2008, 74). Natürlich ist die Förderung und Aneignung der Zweitsprache Deutsch ebenso fundamental im Zuge der reformatorischen Veränderung des Schulsystems. Es wurden bereits viele DaZ-Kurse an Schulen verschiedener Bundesländer eingeführt, wie z.B. die Europa-Schulen in Berlin, welche von Anfang an bilingual aufgebaut sind. Zudem würde ein Ganztagsschulangebot mit Tutorien und anderen speziellen Lernmöglichkeiten den ausländischen Kindern und ihren Eltern eine Entlastung und zugleich Chancen für mehr Erfolg beim Lernen bieten, die zu Hause aufgrund fehlendem Humankapitals und Ressourcen nicht die gleichen Lernbedingungen vorfinden, wie sozial besser gestellte Kinder.

Individuellere Leistungsmessung und kompetentere Qualifizierung für Lehrkräfte
Nicht nur SuS sollten eine Leistungsüberprüfung durchlaufen, sondern auch LuL. Zusätzlich kann eine gegenseitige Evaluation ein verlässliches Instrument der Qualitätssicherung sein, vor allem in Bezug auf subjektive Bewertungen der Lehrkräfte. Diese sollten außerdem bereits im Lehramtsstudium als auch in Weiterbildungen unbedingt interkulturelle Kompetenzen erwerben, in Bezug auf: eine Veränderung/Objektivierung des Schülerbildes, der Gleichbehandlung von Ungleichheit, sowie Konzepte zum richtigen Umgang mit Heterogenität (vgl. Fereidooni, 2011, 148).

Außerdem appellieren Pädagogen dafür, Noten bis zu einer bestimmten Klassenstufe abzuschaffen (zumindest keine in einer 6-jährigen Grundschulzeit) und lediglich Kompetenzbeschreibungen oder -raster zu benutzen, da Noten vor allem für neu zugewanderte Kinder eine zusätzliche Belastung/Hürde/Angst zu ihrer ohnehin problematischen Lebenssituation darstellen. Aber auch für einheimische Kinder zeigt sich eine spätere Bewertung durch Ziffern als lernförderlich, die nicht zu einem Leistungsabfall führt, wie früher befürchtet wurde (vgl. Brügelmann, 2006, 39).

Bei der Leistungsmessung sollte vielmehr der Fokus auf die Individual- bzw. Entwicklungsnorm gelegt werden, d.h. die Bestimmung des Lernzuwachses eines einzelnen Schülers unter Beachtung der unterschiedlichen Lernvoraussetzungen und individuellem Maßstab des Erfolgs (vgl. Ebd., 27). Kriteriumsorientierte Schulleistungstests helfen dabei zu sehen, wie sich z.b. ein neu zugewanderter Schüler entwickelt hat, da hier das individuelle Ergebnis mit dem vorherigen verglichen und geschaut wird, ob das zuletzt formulierte Lernziel erreicht wurde. So sind Migrationskinder nicht unter dem Druck, in kurzer Zeit ebenso erfolgreich zu sein, wie die einheimischen und erlangen kein Verlierer-Gefühl. Unterschiedlich große und schnelle Lernzuwachse sind so für jeden Schüler ein Erfolg. Diese Art von Bewertung/Rückmeldung hat leistungssteigernde Wirkungen bestätigt (vgl. Ebd., 30).

Wenn diese Reformideen hinsichtlich der Leistungsmessung erfüllt sind, ist auch eine Durchlässigkeit für höher qualifizierende Schul- und Hochschulformen für alle Heranwachsenden sichergestellt.

Neben den institutionellen Veränderungen sollten seitens der Zuwanderer natürlich ebenso eine Orientierung und Anpassung an der deutschen Kultur und Gesellschaft vorhanden sein. Familiale Faktoren wie das Einreisealter, die Verweildauer von Kindern und Eltern in Deutschland, Rückkehrabsichten sowie die Offenheit gegenüber deutschen Werten, sind Faktoren, die die Bildungsungleichheit stark beeinflussen. Die ethnische Konzentration sollte bereits bei Aufnahme von Zuwanderern und Flüchtlingen geprüft werden, um Segregation auszuschließen.

6.1. Skandinavische Bildungssysteme im Vergleich

Die skandinavischen Bildungssysteme wie in Finnland oder Schweden sind ein wahres Vorbild, was Bildungsgleichheit und Schulerfolg angeht. Dies zeigte sich in den PISA-Studien mehrfach: Während Deutschland nur auf dem 22. Platz der internationalen Rangliste landete, waren skandinavische Länder im oberen Drittel platziert (vgl. Auernheimer, 2010, 23). Der Anteil ausländischer Angehöriger ist dort zudem ähnlich wie in Deutschland präsent: Kein anderes EU-Land hat mehr Flüchtlinge aufgenommen als Schweden (vgl. https://www.welt.de/politik/ausland/article151774661/Schweden-ist-nicht-wiederzuerkennen.html). Trotzdem gelingt die Integration dort besser als in unserer Bundesrepublik. Dies liegt an ihrem integrativen und heterogenen Schulsystem, das aufzeigt, dass Bildungsgleichheit und Qualität gleichzeitig möglich ist. Finnische SuS bestätigen dies mit Worten wie „Die Schule sorgt für uns. Es gibt kein Entweder-Oder, nur ein Sowohl-Als auch." (Auernheimer, 2010, 27). Heterogenität wird hier als normal angesehen, im Fokus steht Individualisierung und Förderung sowie Inklusion ohne jegliche Aussonderung oder Abwertung. Skandinavische Schulen arbeiten bis zur achten Klasse ganz ohne Noten. In der Pflichtschule spielen sie aber auch keine große Rolle, denn sie werden erst in späteren Schuljahren erteilt. Des Weiteren haben Tests eher eine orientierende und diagnostische, als prüfende Funktion und sogar bei Abschlussprüfungen nach der neunten und zehnten Klasse verbauen Noten den SuS keine Bildungswege (vgl. Ebd., 30). Generell arbeiten Schulen in Finnland und Schweden ohne Fachleistungsdifferenzierung oder differenzierten Abschlüssen und kein SuS wird nach subjektiver Einschätzung einer Schulform zugeordnet, wie es in Deutschland leider immer noch der Fall ist. Der Schüler darf selber entscheiden, ob er auf eine gymnasiale oder berufliche Oberstufe gehen möchte. Ansonsten besuchen alle Kinder und

Jugendliche gemeinsam bis zu ihrem 16ten Lebensjahr eine integrierte Gesamtschule, was einige Regionen Deutschlands bereits nachgemacht haben. Skandinavische Schulen arbeiten außerdem so, dass jedem Schüler die Arbeit und das Lernen in seinem individuellen Lerntempo gewährleistet ist. Es wird nicht darauf abgezielt, dass alle Lernenden den gleichen Leistungsstand erreichen, sondern dass jeder individuell bestmögliche Leistungen erzielt und niemand als „schlechter Schüler" abgestempelt wird oder gar Angst um eine Versetzung haben muss. Jeder Schüler wird in seiner Einzigartigkeit anerkannt und geschätzt (vgl. http://www.bpb.de/gesellschaft/bildung/zukunft-bildung/145242/heterogenitaet?p=all). Ein Schulkonzept, von dem jedes Kind nur träumt.

7. Fazit

Das Ziel der vorliegenden Arbeit war es, die Disparitäten des deutschen Schulsystems hinsichtlich Bildungsungleichheit und Diskriminierung gegenüber Kindern und Jugendlichen mit Migrationshintergrund aufzuzeigen und verschiedene Ursachen sowie Folgen dessen zu beleuchten, aber auch mögliche Lösungsansätze darzustellen.

Angesichts der Analyse der verschiedenen Befunde zur Integration im deutschen Bildungssystem, ist es empirisch belegt nicht möglich, diesem auch in der gegenwärtigen Situation Chancengleichheit zu attestieren. Immer noch wird an vielen Schulen Diskriminierung ausländischer SuS beobachtet. Allerdings hat Deutschland begonnen, die Ernsthaftigkeit und Dringlichkeit einer Veränderung in der Institution Schule wahrzunehmen, da der Ausländeranteil in den nächsten Jahren stetig wächst, mit welchem zuvor nicht gerechnet wurde. Dies ist in einigen Regionen bereits zu sehen. Als Einwanderungsland muss die Bundesrepublik alle notwendigen Ressourcen für ein harmonisches und friedliches Zusammenleben einer multikulturellen Gesellschaft bereitstellen, vor allem an öffentlichen Organisationen wie der Schule, an denen jegliche Kulturen, Hautfarben und Religionen aufeinandertreffen. Weg vom Homogenitätsdenken, stattdessen hin zur Erkenntnis der Bereicherung durch Heterogenität und Vielfalt.

In meinen Augen ist dies aber nicht nur eine bildungspolitische Aufgabe, viel mehr sollte der Staat bereits bei der Zuwanderung darauf achten, die Masse an Zuwanderern gleichmäßiger auf die einzelnen Regionen und Bundesländer zu verteilen. So wäre der Ausländeranteil in manchen Gebieten nicht so ausgeprägt, Einheimische wären somit durch die überschaubare Anzahl an Migranten nicht überfordert und die Integrationsaufgabe wäre für jedermann „leichter" durchzuführen. Wenn sich die meisten Zuwanderer jedoch an sozialen Brennpunkten, wie in Berlin-Kreuzberg oder Offenbach am Main sammeln und sich gegen die Einheimischen „zusammenschließen", weil sie das Gefühl von Diskriminierung bekommen und deshalb den Willen zur Anpassung verlieren, hilft auch jede Förderungsmaßnahme im innerschulischen Bereich nicht mehr.

8. Abkürzungsverzeichnis

DaZ   = Deutsch als Zweitsprache

PISA   = Programm for International Student Assessment

SuS   = Schülerinnen und Schüler

LuL   = Lehrerinnen und Lehrer

OECD = Organization for Economic Cooperation

IGLU = Internationale Grundschul-Lese-Untersuchung

bzw.   = beziehungsweise

d.h.   = das heißt

z.B.   = zum Beispiel

9. Literaturverzeichnis

Auernheimer, Georg (4. Auflage, 2010): Schieflagen im Bildungssystem. VS Verlag für Sozialwissenschaften, Wiesbaden.

Brügelmann, Hans (2006): Sind Noten nützlich – und nötig?. Grundschulverband, Frankfurt am Main.

Ceri, Fatma (2008): Die Bildungsbenachteiligung von Kindern mit Migrationshintergrund. Centaurus Verlag & Media, Herbolzheim.

Denner, Liselotte (1. Auflage, 2007): Bildungsteilhabe von Zuwandererkindern. Books on Demand GmbH Norderstedt, Karlsruhe.

Fereidooni, Karim (2011): Schule – Migration – Diskriminierung. VS Verlag für Sozialwissenschaften, Wiesbaden.

Gogolin, Ingrid/ Neumann, Ursula/ Roth, Hans-Joachim (2003): Förderung von Kindern und Jugendlichen mit Migrationshintergrund. Universität Hamburg.

Sacher, Werner (3. Auflage, 2001): Leistungen entwickeln, überprüfen und beurteilen. Klinkhardt, Bad Heilbrunn.

Stosic, Patricia (2017): Kinder mit Migrationshintergrund. Springer Fachmedien, Wiesbaden.

Internetquellen

Anger, Christina (2007): Bildungsarmut – Auswirkungen, Ursachen, Maßnahmen. URL: *http://www.bpb.de/apuz/30383/bildungsarmut-auswirkungen-ursachen-massnahmen?p=all (Abruf am 10.04.2018).*

Geißler, Rainer (2008): Migrantenkinder im Bildungssystem: doppelt benachteiligt. URL: *http://www.bpb.de/apuz/30801/migrantenkinder-im-bildungssystem-doppelt-benachteiligt (Abruf am 10.04.2018).*

In Deutschland leben so viele Ausländer wie noch nie. Wo kommen sie her? (2018). URL: *https://orange.handelsblatt.com/artikel/29581 (Abruf am 08.04.2018).*

Panagiotopoulou, Argyro (2017): Zur Inklusion von geflüchteten Kindern und Jugendlichen in das deutsche Schulsystem. URL: *http://www.bpb.de/gesellschaft/migration/kurzdossiers/258059/inklusion-in-das-schulsystem?p=all (Abruf am 11.04.2018).*

Prengel, Annedore (2013): Herausforderungen für die Bildungspolitik: Heterogenität. URL: *http://www.bpb.de/gesellschaft/bildung/zukunft-bildung/145242/heterogenitaet?p=all (Abruf am 13.04.2018).*

Schweden ist nicht wiederzuerkennen (2016). URL: *https://www.welt.de/politik/ausland/article151774661/Schweden-ist-nicht-wiederzuerkennen.html (Abruf am 13.04.2018).*